Pierre de Coubertin, dem
Neubegründer der Olym-
pischen Spiele gewidmet.

10. November 1938. Sucy-en-Brie.

Ein Lichtblick für ganz Frankreich: Claude Serre erblickt das Licht der Welt. So klein er ist, hier steigt eine grosse Hoffnung für den französischen Sport in die Startblöcke.

Erste Anzeichen für sein Talent: ohne jedes Training plaziert er sich spielend an zweiter Stelle, knapp zweieinhalb Jahre hinter seinem älteren Bruder. Der wird ihn zwar noch viele Jahre schlagen, besonders, wenn die Eltern aus dem Hause sind. Mit Heimtraining geht es weiter. Da das Fernsehen noch keine Sportübertragungen in das Haus Nummer 6 der rue de la Porte Liefert, übt er sich als Zuschauer der elterlichen Wettkämpfe. Er ist sehr stolz auf seinen Vater, der bis heute eigentlich immer den Sieg davongetragen hat.

In der Schule widmet er sich voll und ganz der weiteren Ausbildung seiner Talente: seine Anfänge im Kugelstossen macht er mit Murmeln auf dem Schulhof, mit den Kopfdeckungen seiner Lieben Mitschüler trainiert er Diskuswerfen. Er kommt viel weiter als die anderen, was ihn zwingt, die lästige Paukerei an den Nagel zu hängen und sich vollends dem Sport zu widmen. Vierkampf, Zehnkampf, der Startschuss ist gefallen, auch wenn der heranwchsénde junge Mann die Freuden des Einzelkämpfers entdeckt und sich durch intensives Training die Handgelenke stärkt. Den jungen, sportgestählten Adonis kann man heute noch erraten, obwohl Langsam eine kleine Neigung zum Schwergewichtler sichtbar wird.

Wie leider so häufig, erkennen die Eltern seine grosse Begabung nicht. Sie raten ihm dringenst, das Abitur zu machen, tief besorgt darum, dass die sportliche Betätigung ihrem Sprössling nicht die rechte Entfaltung und die gesicherte Pension bringen möchte. Entfaltung sucht Serre nun auf anderem Gebiet, ohne allerdings die körperliche Betätigung zu vernachlässigen: er entdeckt eine Vorliebe für den Zweikampf... mit den Frauen und findet soviel Freude an dem neuen Sport, dass er von nun an Tag und Nacht trainiert. Er soll es zu Höchstleistungen gebracht haben, aber da es sich hier leider noch nicht um eine olympische Disziplin handelt, können wir nicht beurteilen, ob Serre durch solch einseitiges Training für immer für die internationale Sportszene verloren ist.

Wir wissen nur, dass er gerade noch in der Lage ist, seinen Bleistift zu halten, wenn auch mit zittrigen Fingern. Jede Medaille hat ihr Revers: das Zittern erlaubt Serre, mehrere Striche gleichzeitig zu machen, was gewisse Leute zu dem Urteil verleitet, er besitze "einen fleissigen Stil mit ungeheurer Feinzeichnung".

SERRE
SPORTLER

 Glénat

Die französische Originalausgabe erschien unter dem Titel "le Sport" bei Editions Jacques Glénat, Grenoble
© Editions Glénat 1977. Neue deutsche Ausgabe 1984. Printed in France
Layout Georges Lacroix
Vorwort: Übersetzung B. Coudurier. ISBN 2-7234-0455-2

Achtung Stufel

SERRE

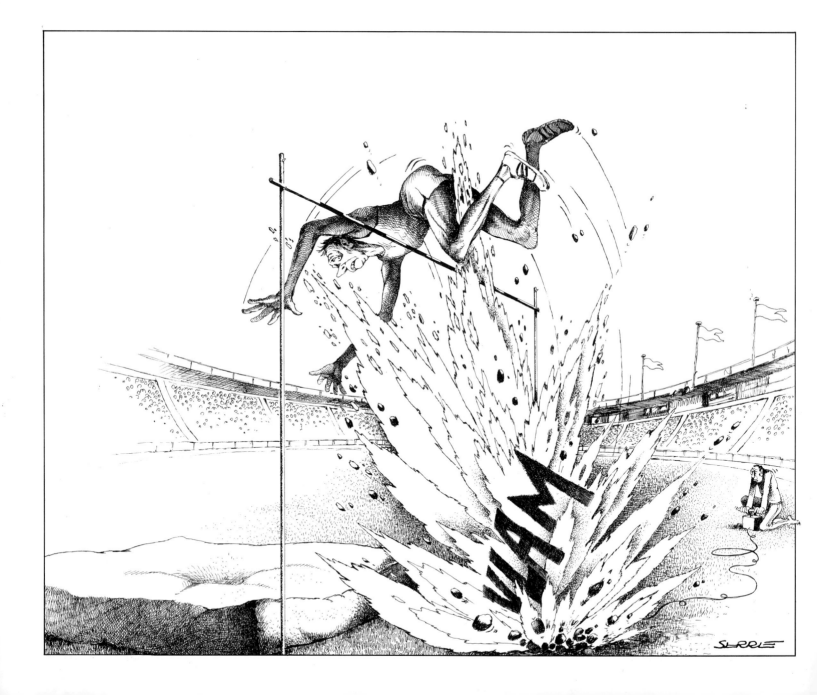

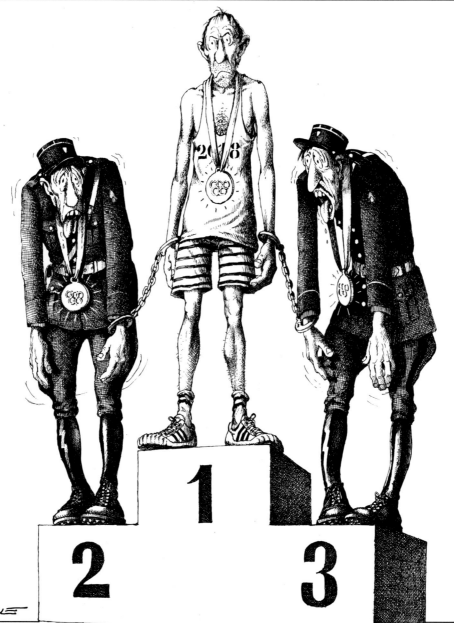

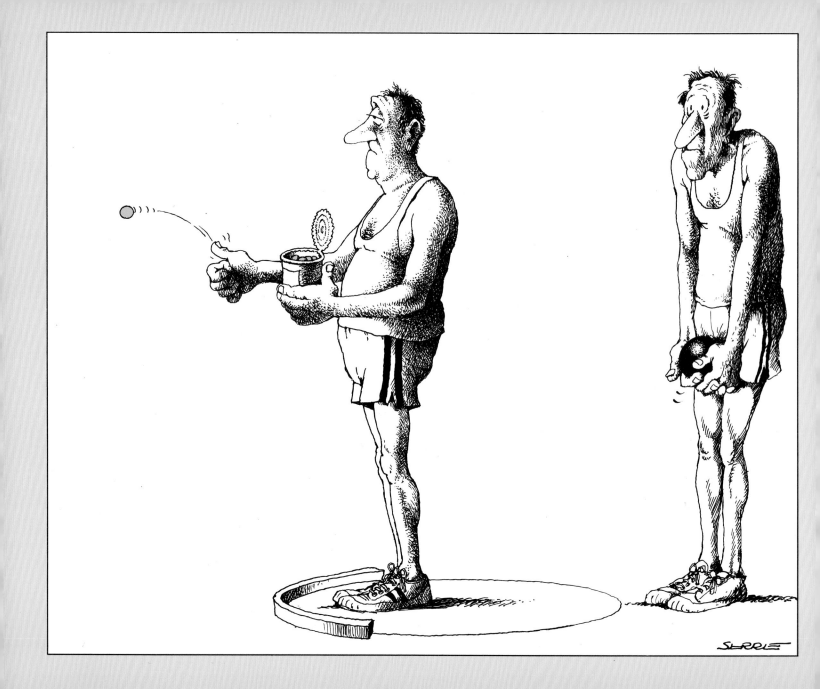

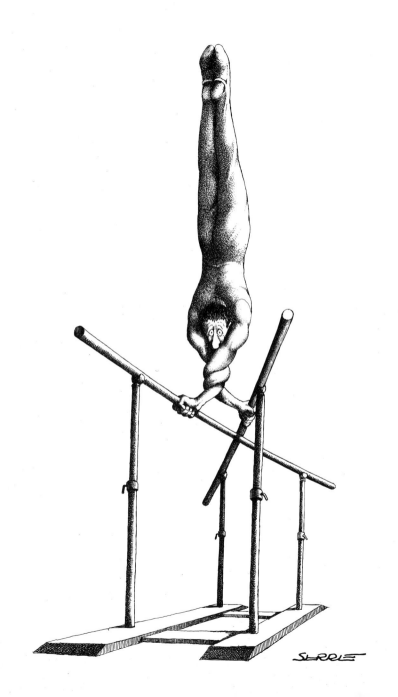

Das Ziel

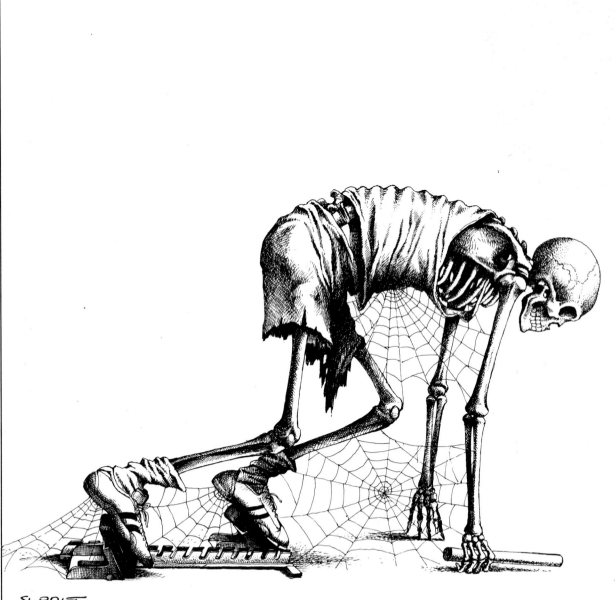

Eingang für Bogenschützen

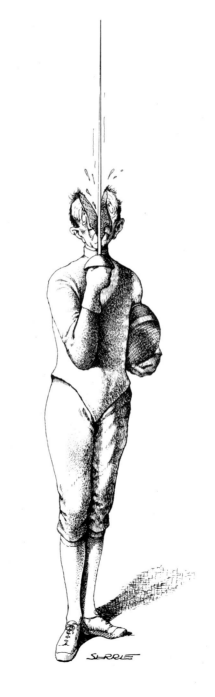

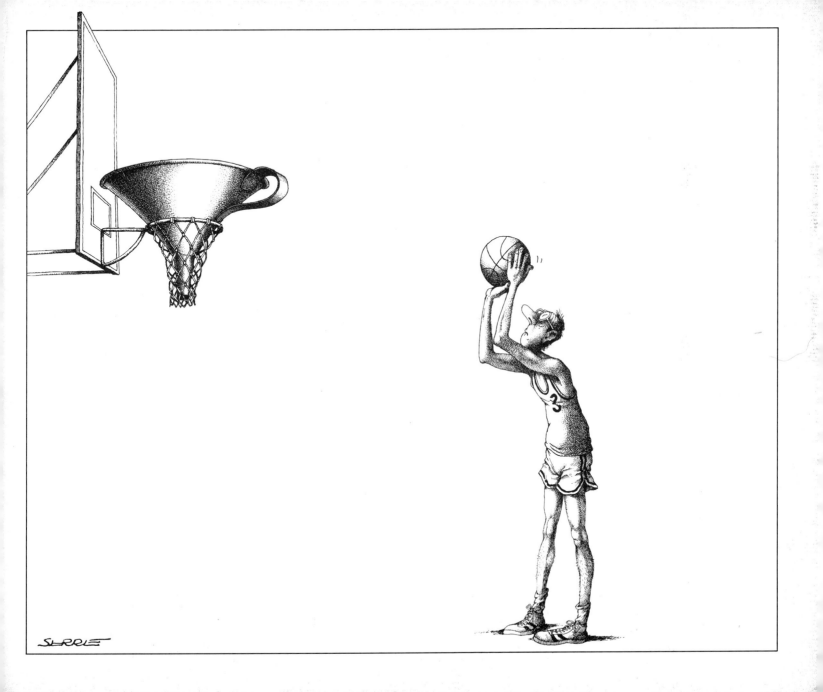

Bitte eintreten, ohne anzuklopfen

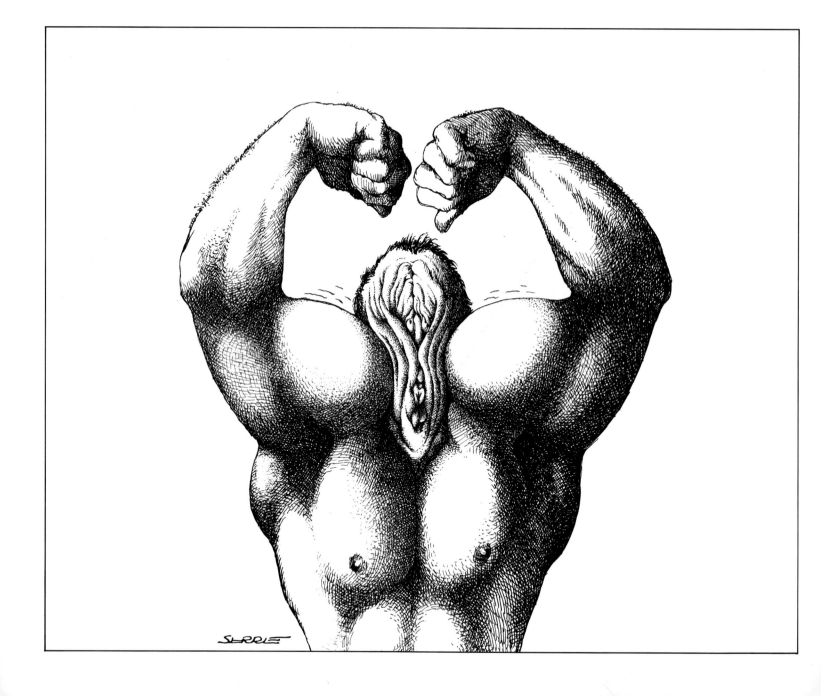

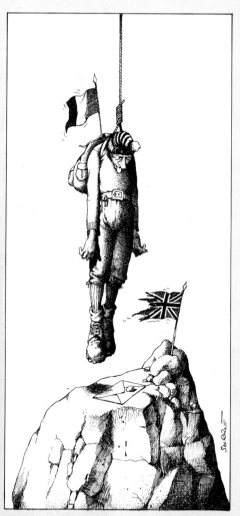

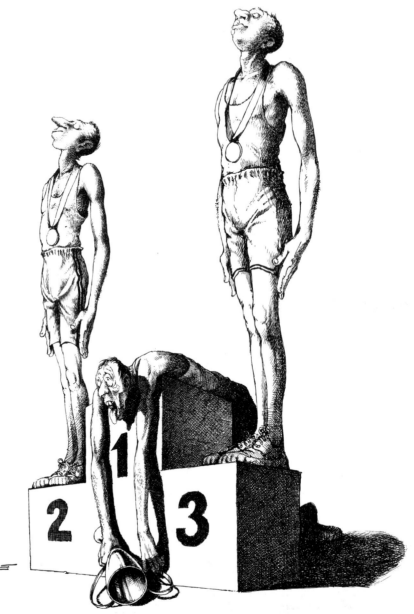

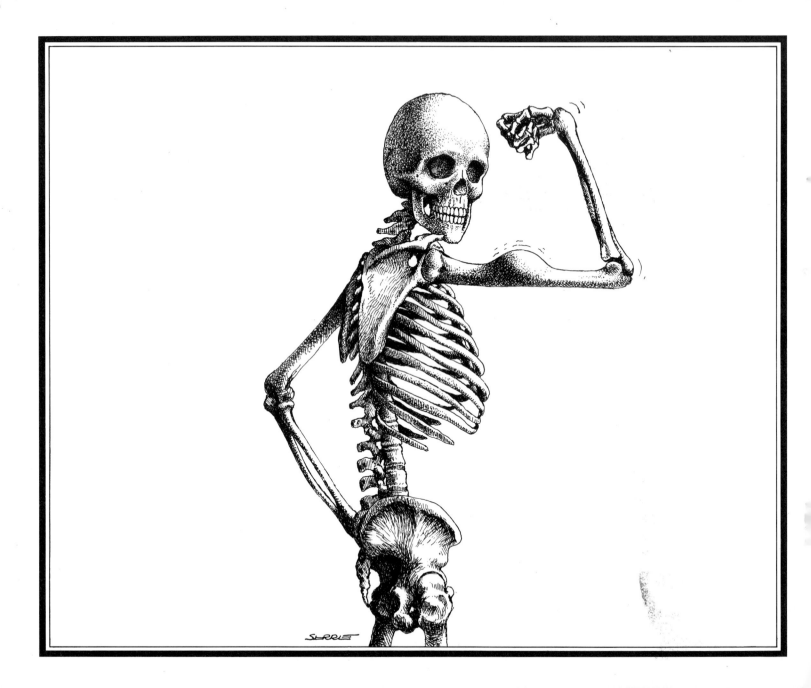